Marija Knežević
ULIČARKE

Biblioteka RAD

Urednik
SIMON SIMONOVIĆ

Marija Knežević

ULIČARKE

RAD

OČAJNA PESMA

Ovim putem apelujem,
Ne libim se da preklinjem
Koga vi odaberete u narednom
Krugu ponavljanja volje
Za moć ministra poezije:

Hoću da budem debela! Neka se vidi
Koliko me ima. Manite me diktata
Mršavosti, fitnes stihova, trenera
Knjiga pesama za zdrav život nacije.
Sobom se hranim, pa kakva ispadnem!

Izabrani, mirne duše konkurišite za mis
Nove osećajnosti bezvremenog čoveka.
Unapred sam odustala od scene i pobede.
Kako ste mogli da me previdite, ovoliku,
Redukovani, eksperimentalni, bez teksta?

Ne tražim puno, samo pomilovanje
Za višak težine, za naslage polisemije,
Za nas koji ne umemo da pevamo izvan
Svog jezika polifonije, neprevodive
U stilu nemarnog, prirodnog odevanja,

Za bluz improvizacije na licu mesta.
Za pušačko kašljucanje pevačice.

I za udeo smisla u praznom hodu, kao u šali
Pola zbilje što dobro dođe u gladi od gustog
Vina u kojem istina sušta usamljena obitava.

Dopustite da nismo u obavezi
Produžetka veka makrobiotikom.
Bar pokoji pokvaren zub nam oprostite.
Mirno da ločemo pivo iz limenke bez komentara
Za vitke noge vaših vinskih čaša s ledom do pola.

BEZ REČI O NJOJ

Ona ume da voli onako kako su pojedine žene
Volele pre, jednom i zauvek
U vremenu uskraćenih zanimanja.

Nepobunjena, nastavljena, sa istorijom
Afričke robinje, u slobodnim časovima
Zavela je režim bluza kao savršeni primer
Vladanja sobom, lepotom podaništva, bolom
I srećom od kojih se jednako oboljeva
Usled zapuštanja ritmičkih vežbi.

Bosa kao duša i neodevena poput izostalog
Razloga
Povrede. Jednostavna. Altamira.

Ponosan je ko je zna – ne mora da je poželi.
Nežnošću nadgovara
Zamor uveravanja.
Nezaludna, strasna,
Anatomski željena isključivo
Između ostalog. Dok cela prinosi
Mir sa sobom.

Drugi se budi ozaren, taj

Koga san odmara, skapa
Ako je odmah ne dodirne.
Muško dete ispalo iz doba
Ženske prevage, okasneli pobačaj.
Stanovnik kolevke nepristao na svet
Odraslih osim na njeno pozorište
Majke i ljubavnice u monodrami.
Vlasnik papagaja, mačke, morskog praseta,
Zaljubljen u ljubav psa. Taj domaćin
Sebi najbolji. Prodavac igračaka
Prevremeno penzionisani sin.
Nevin koliko izlišan.
Samouki a uspešan baštovan.

Voli ona i ostala
Prepoznatljiva poređenja
Poretka beznačajne polnosti.
Nedavno je čula za orhideju
Koja daje ukus vanile nešto ranije
Od istorije iživljavanja na novom tlu
Čežnje za Indijom, greške pohlepnih
Brodara od jeda prozvanom Amerikom.

Preduhitrila je maniju otkrića
Starim smesama ljiljana – smradom
I ugodnim mirisima od iste sorte
Otkako je osvojila kuhinju smišlja
Legure lika i mirisa, voleći i onda
Kada se nedokuvano unosi bez mere,
A razum dodaje uoči ključanja
Umesto ratova zarad začina i greha

Dubokog zamrzavanja.
Njeni su recepti uviđavni
Spram tuđe krvi, po želji.

Volela i tada, u Novim Indijama
Vazduh razređen, premda sluteći
Pohod teških parfema na darove
Zlatnih osmeha bakarne dece.
Videla je rastinja uništena jednom
Bojom crvenom do zla boga.
Bila La Manće, Marina i kasnije
Optuživana u prevodu
Kultura za višak znanja o ukrštanju.
Ipak, ko bi rekao da je sladoled cvet?
(Najlepša je kad se čudi!)

Ona je mit anonimnog autora o prvoj ljubavi i stvarna
Šolja mleka koja drhti, podgrejana, u bakinoj ruci.
Neodustali nadražaji detinjstva pred neposustalom
Snagom sete za koju bivše dete
Veruje da mu je dopala najveća.
Ona su naši roditelji i naknadne večne ljubavi –
Ceo sadržaj albuma, nutrina biranih ramova,
To još jedno mesto na zidu koje nedostaje.
I zabrana u slučaju kobnih ustupaka:
Ljubavna ume da čuva voljeno od tesnog
Odela voljenosti kakva mahom krojimo.

U životu dana presudni zov tek skuvane kafe,
Ona je tren prvog utiska o osećanju sveta
Bunovnih ljudi od reči

Čija čula mogu da izdrže daleko gora lišavanja
Ali to jedno – ne!
Podrazumevana.
Gospodarica i služavka straćara i kula
Tihih odrona mašte.

Čaša vode spojena sa trenutkom
Naizgled nužnosti. Umetnica
Vlažnih oblika u našem podvodnom
Postojanju dovedenom svako malo
U pitanje jednoličnim zamasima.
Koža delfina – neiznađena reč
Opisa, milost lažnog obećanja o atributu,
Milost nadahnuća
Novog uzaludnog pokušaja.

Nekoliko pesnikinja sa kojima ovo vreme biva
Vreme nežnosti. (I kada im kažem hvala i sama volim.)
Potonje šetnje, da ne govorim – ona im daje korak.
Melodija pre muzike, matematika začeća brojeva.
Reči ne spominje. Njen ljubavnik je samo njen
Drugi glas.

U sebi pevačica.

Takođe, uspešni neprijatelj udesa i nesreća
Unapred sprečenih rečima *Biće dobro*.
Opasna pravednica, fanatik dovršenog čina.
Ženka i teška vradžbina kad oseti strano telo
Zloćudnog instinkta.

U pravu je koliko sluti. Čudo jedno.

Dođe ti da više ne objašnjavaš.
Jadne su dobre namere u rečima. Nagon,
Na kraju sve je nagon i stid. Ne zamera.
Bude ti neprijatno. Sretneš je kako pomisliš
Na nju, pa kažeš: *Eto, ništa nije slučajno.*
Ne miriš se s gubitkom pameti ni za tren,
Psuješ radoznalog Kolumba i papagaja,
Kud baš na tu pticu da naleti?! Kuda god
Kreneš dodo ti se priviđa. Usud i legenda.
Dođe ti da reč ne progovoriš, a nisi poražena, naprotiv.

Zadivljuje me dodatno što postoji
U zemlji vazda mokroj čije blato
Beskrajne bitke priziva, najbliži
Po rođenju ogluvi od dreke
Komandanta zaveštanog misiji.
Tu gde se žalimo, zavidimo, parničimo.
U sebe se zaključavamo i dva puta okrenemo ključ.
U zemlji sve težoj ista je – prava ljubav.

I prave su njene reči očuvane
Melanholijom suzdržavanja:
Budalo jedna!
Koliko puta sam ti rekla da nema
Dva ista zida! Ne traži me u rupama,
Sentimentima pokojnih zidara, blentavom
Radovanju istraživača, u tuđim ranama
Od eksera, ne kopaj me dok sam živa!

Nisam neprocenjena vrednost.
Zar stvarno treba da nestanem,
Pa da znaš da sam uistinu bila?!

INKA

Nisam stigla da budem drevna.
Protrčala sam kroz samo nekoliko
Vekova, dok sam jurcala kroz šume,
Pentrala se sa dečacima na visove
Odakle se najbolje vidi
Kad se odrasli ljube.

Moj narod je bio odeven u boju zlata
I prašine. Zato smo se klanjali suncu.
Od pera papagaja pravili ukosnice.
Žuti i crveni i zeleni plodovi
Prirasli su nam uz šake kao kapi
Vodopada na usnama – nije postojao
Ritual ručka.

Živeli smo bez reči za
Obuću, časovnik, ljubav.
Dečaci su me podučili visokim tonovima
Pojedinačnih dodira pampa i stopala.
Živeli smo po zvuku.
Nismo opisivali. Kliktali smo.
A kada bi nam kondor ukazao čast
Novim izvođenjem svog leta,
Nepomični, zadržavali smo dah.
Ništa osim lepote nije moglo

Da nas zaustavi, dok smo postojali.

Kasnije, kada su nas poništili i nazvali
Civilizacijom, divili se starom
Računanju vremena,
Njihovi setni pesnici pevali
O bivšoj sreći svetlucavog naroda,
Izučavali su i ono što nazivaju
Idealnim oblikom vladanja.

Nisam stigla da budem tužna.
Život je posekao užas
Kratkim potezom.
Sablja je luđa od ruke kojom upravlja.
Ipak, kad pomislim na obučene zmije
I carske činije sa otmenim otrovima
Od privilegije postepenog kraja
Bolja je brzina narodske smrti,
Topla klanica od samice sarkofaga.

Dečaci i ja smo se osmehivali suncu.
Boginja konačnosti izvodila je ples
Lakih skokova sa okena na litice:
Vredi doživeti njen salto
Iz oblaka hop na leđa lame
I nazad uvek drugačije.

Ljudi boje mleka su jaukali
Usled napora, valjda,
Zamaha oštrih i teških
Neoplemenjenih metala,

Paljenja lomače,
Tovara odeće od zlata.

No, prošla je i ta predstava
Da bi se budući sećali
Uspešne scenografije.

Nebo je sada čisto i još lepše.
Kondor i dalje izvodi svoj let
Iz doba tihe, svetlucave dece.
Onda naglo nestane uplašen
Nepoznatim zvukom jecaja.
To, kažu, neka kraljica cvili
Misleći da je njen bog kažnjava
Jer vreme prolazi, a muž umoran
Od stalnih pohoda ne može više
Da čeka naslednika.

ULICA BRAĆE GRIM

Sedi komšinica Natalija
Na klupi u Profesorskoj koloniji
I ovoga jutra slobodnoj – za nju.

Mirno sedi i diše.
Ni sama ne zna o čemu misli,
Niti bi da time opterećuje dan.

Sveža tišina. Zlatna
Sredina između buke i mûka.
Prija kucanje kljuna o drvo:
Kao da detlić tamo negde
Skriven obavlja sve naše poslove.

Samo je večnost očigledna.
Ostalo se dâ zamišljati.

U visokom parteru vile na ćošku
Biznismen uči da pobedi stres
Joga-disanjem: duboko, dublje
Na kraju normalno.

Bogu hvala, eno ga komšija Braca,
Nogu pred nogu stiže
Na pijacu u podne.
Biće večeri!

Sa verom u kondiciju
Po okolnim ulicama mota se lakim kasom
Glumac iz dečjeg pozorišta.
Čim je ugleda, ponoviće:
»Još mrdamo!
To je najvažnije! Je l' tako, profesorice Nato?«

Jeste. I prošla noć je pobacala
Dečje opuške, pivske boce, pokoji špric.
Jedan mrtav prezervativ srušio se tik
Uz njene cipele.
Pozadi, crveni ferari još isijava:
Nikako da se smiri od naglog kočenja
Pred cikom zore.

Pudla Mašenjka 16 godina
Nalazi nešto
U istoj travi.

San skulptora:
Nepomična figura sa disanjem
I kakvim-takvim krvotokom.
Blago podigne glavu ka nebu,
Budući da je savršeno
Svejedno da li će biti kiše.

STVARNA RASPRAVA

Ja, ispada, sve činim sebi! – reče vaza.
Šta hoćeš?! A svi po meni! – ekser.
Mene gaze, i ne primećuju – papuča, u pola glasa.
Mene ne gase! Dok ne crknem! Raspamećuju!
Teško je bilo šta reći posle televizora.

Dosta kukanja! – jedan zid, u ime svih zidova:
Šta ja da kažem? To jest, mi?
Vi se bar pomerite, tu i tamo, a nama je rečeno:
Ima da stojite tu dok se ne srušite!
I njih i sebe kroz doba izdržavamo.

Eh, nije sve tako crno – igla će.
Aha! Sneg, pa ja! – stolnjak se lako oseti prozvan.
Vala, nagledah se svih boja – ormar, mator, jedva.
Ali tvoja od mene zavisi! – kako već može biti osion luster.
Tad mnoge stvari ćutnjom prezreše lažno svetlo.

U čemu je poenta ove priče? – oštra olovka zaseče tišinu.
Da meni bude još teže! – uzdah, da jači biti ne može
                              trudnog taloga šoljice za kafu.
Ni ja ne razumem... – lavor, van svih
                              očekivanja, svog ponajviše.
Šta ćeš ti tu?! – uvređena kao kristal čaša.
Gospodar me je doneo i zaboravio punog
Vode i soli! – lavor, rešen da više ne progovori.

I šta ćemo sad? – zabrinu se tepih celom površinom.
Ništa – u glasu telefona zujala je slutnja skore smene:
Čekamo da ja ponovo zazvonim – reče i smesta zaspa.
Telefon je glavni predmet zavisti, pretežno i mirno spava.

Onda, 'ajde već jednom! Neka nešto razbije ovaj čemer!
– uzbudio se nov, još zapakovan otirač. Vikao iz najlona.
Njegove šare behu dopremljene sa Istoka.
Njegov put – skraćenog ćilima – završio se jednim letovanjem.
Bio je ogorčen. Bazarima, avionima. Simuliranim kretanjem.
Hoću! – telefon, iskreno. – *Čim centrala pošalje signal.*

Samo je čarapa ćutala.
Skorena od znoja i bez ikakvih vesti
O svojoj drugoj polovini,
Širila mir istinske tuge.

Toliko dugo zaboravljena,
Sasvim je moguće pomislila:
A šta ako je gospodar bos na jednu nogu?
Ili su mu je, daleko bilo, odstranili?
I on je biće! Pati! O čemu ovi?
Kao da je bol izračunljiv, a njegova mera
Stvar vlasništva.

ULIČARKE

O, strasti
Prema zdravoj hrani izvesnosti!

Ti – svaki,
Morao si ih bar jednom
Videti za života bez obzira
Promašenom ili tebi vrednom.

Mitomanijo raskrinkana, obožavam te!
Parodijo porekla:
Braćo i sestre začeti ispod mostova i na travnim
Površinama,
Mili moji preci iz žbunova!
Sa čičkovima međ maljama!
(I vi iz fotelja uspešnih preduzeća,
I vi od fetusa navikli na limuzine,
Iz bliske davnine, moji vi!)

Posledice najslađeg stiska
U istoriji neznamenitog zida!
Sorto anonimna,
Čitave Troje
Ljubavne sluzi!

Hvala ti nauko, saučesnice,

Na svakom četvrtom DNK
Iz uličnog koktela!
Ljubim ti najmanju utičnicu, fajl, kap
Uzajamnog otkrića!
Nepoznata, proširena porodico,
Prošlosti bez rama, slavim te!

Moj ženski rode,
Od sloge zimnica i gumica u boji.

Čuvarke mraka i reda
Tu su da poštuju:
Koja, za koga, kada, koliko, šta.
One su ozbiljne.
Život je u pitanju.
Treća smena.

Sa plastičnom torbicom i puknutom čarapom
Uslužile su više mušterija
Od kasirke-udarnice iz megamarketa.
Nema te države, pola, organa,
Automobila sa tamnim staklima ili bicikla,
Nesrećnih brakova i usklađenih zajednica,
Radnika, policajaca, učiteljica,
Teške muke nevinosti,
Ne postoji otrov skrivanog ukusa
Kojem nisu izašle u susret.

Pouzdane,
Nežno u uho ili nožem preko lica zamoljene,
Smesta

Odlažu vaše intime u ponor barskog toaleta,
Zauvek i uz garanciju strogo
Poverljivog vodovoda.

Čvrsta kao viteška čast
Minulih vremena
Njihova je reč:
Nema ljubavi.
Strogo bez emocija, jezika, posetnice.
Nismo se nikada sreli – jasno!
Po obavljenom poslu – ćao!
Grohot po narudžbini, a dotle
Bez smeha!
Zbog izostale erekcije,
Alergije na prezervativ – dešava se,
Previše se dešava, stoga
Bez stenjanja: *To, samo tako, mama!*

Bez pritužbi, reklamacija, primisli
Na telefonski poziv, drugo viđenje.
Bez ljudskih prava za nesebično
Razumevanje humane svrhe.

Same
Poput konjanika iz narodne pesme,
Bez zaštite, često namerno,
Kako bi krišom rodile vas.

O, vi, usvojenici,
Sa belegom od jeftinog ruža,
Razmažena deco
Sopstvenih avantura!

Vi, braćo po nemanju
Pojma.

Kćeri buduća:
Vidiš li me u ordinaciji,
Na krevetu za hitne slučajeve?
Mama ne skida smešak sa plafona!
Zna majka da je u vozu, da nas na kraju
Truckanja i usputnih stanica
Čeka neonski raj!

Devojčice, domaćice, babe,
Službenice, podstanarke, beskućnice,
Tamne i bele pûti, kosooke, plave,
Ćelave, debele, mršavice,
Nepismene, poliglotkinje,
Sestre, ljubavnice, majke!

O, vi bez premca
Prestupnice!

Grešna vam ljubim prečasne skute!
I za večnu ljubav ištem oprost
Neukaljane kćeri.

OTVORENO IZA PONOĆI

Milici Dragojlović

Rekle smo: *Ima da imamo kafanu!*
Jednoga dana otvoriće se zasluženo
Vrata »Svitanja« u spomen na »Zoru«
Koju smo mi zatvorile umesto kelnerica
Iz Borče i ljubazno odloženog fajronta.

Osvetićemo sve odjednom!
»Poslednji prevoz«, »Otkaz«, »Bivša kladionica«
Ili »Proširene vene« – plemeniti su naslovi
Ako utisak nadživi sadržaj.
Bina u ćošku polutamna kao vino,
Drvene stolice, prave, sa jednom nogom
Kraćom kao u pisca brodskog dnevnika.

Srušen četvrti zid
Obavezno poštovanje pravila
»Koliko sveta, toliko mesta«,
Ćušnuta iza šanka tabla »od-do«
I samo ukrasne brave, zaslužile smo
Katance razvenčane od ključeva.

Slobodno
Kod nas će pevati ko ume
Pevajući ma šta da zapeva
O pustoj želji sopstvene pesme.
Pevači su publika. Trema nas je napustila

Još onda kada su teme pravile gužvu u redovima
Za iseljeničke vize. Intonacije se javljaju iz daleka,
Sve ređe. Mere opreza si ukinula
Lično prošavši kroz staklo.

Nikad više, milo moje – zapevala si uživo
U studiju državnog Radija, iako je
Ulicama mirno tekla revolucija.
Prošla si u restoranu za poslovne ljude
Kroz tišinu malih zalogaja i dremež
Krotkih kolena pod kodeksom bele maramice
Igrala na stolu *Tri metera somota*.
Nikada nisi imala toliko para
Kao tada u grudnjaku tuge
Dovedene do pucanja glasa
Kafanske pevačice u službi
Poziva stroge vedrine. Nikad više.

Daleko za nama je usmereno obrazovanje.
Dug put od saopštenja komisije za prijem
Novih kadrova: *Žao nam je* do odelenja
Bolesti duše prošle smo
Isuviše da bismo pamtile
Uz *Što te nema, što te nema*
Sa visokom ocenom: Vrlo dobar bol.

U duetu gutale terapiju u boji
Krišom pospešujući sastav pivom,
Dok su naši vršnjaci zdravih živaca
U manjini bežali u klubove zatvorenog tipa
Gde muzika je deo ambijenta

Prijatnog nedogađanja.

Bila je zima, »Zora« davno ugašena,
Nedolično obučene ušle smo u kafić
»Šta ima?«, odbile da poručimo više
Puta pogledali su nas sablažnjeno
Bogata deca i strani investitori,
Kao da smo se dogovarale, mada
Nemoguće je po dogovoru otpevati
Do kraja, bez mikrofona, sa dušom
Samo: *Jedna mladost, jedan svjet nade*,
Drugi za te ovaj svjet grade,
Možda na me čeka neki bolji svjet.

Skinule se gole i istrčale van
Uplakane, padale od smeha
Ushićene repertoarom
Uličnih rešenja.

PUT SVILE

Naili
»... a fabula nestaje čim se more pojavi.«
Danijel Dragojević, »Uzao«

Malo-pomalo postajemo privrženi svom kraju
Na način na koji se za ljude vezuju psi i ostali
Ljubimci, ne znajući niti željni saznanja
O meri pripadanja.
Tako je i u našem krugu trafika, rupa na pločniku,
Polupraznih frizerskih salona, ljubaznih apoteka gde
Ostavljamo najviše para, ulubljenih kontejnera,
Izložbenih parkinga i ciganskih zaprega, tezgi
Opremljenih svim što čoveku uistinu treba,
Piljara što nas snabdevaju nostalgijom drznemo li se
Da nekuda otputujemo, u krugu boja, glasova, ponosa
Nas starosedelaca jer samo nama je poznat čas pada
Trošne fasade, konačno odustajanje balkona u doba
Mahom visećih spontano.
Ne umišljamo, već zaista nismo živi ako se uzajamno
Ne pitamo svakoga dana ispred prodavnice »Sinteza«
Kako smo, da li se dete napokon zaposlilo, kako mama
Podnosi ove ludačke promene vremena, kako ih nije
Sramota da onako lupetaju u skupštini, da li ste čuli
Da je deterdžent jeftiniji u drugoj samoposluzi, da,
Ali ko će do tamo da ide, ovde je bliže, a ionako
Sve manje trošimo nas četvoro, češće dvoje, dve,
Ja sama sa mačkom više i ne osećam
Dinar gore ili dole. Na isto izađe.
Nema nama spasa – smejemo se izduženi

Kao da nas neko kroz čašu posmatra sa kesama
Ruke dodiruju tlo, one na noge već sasvim liče poput parova
U brakovima dugim kada dvoje nerazdvojne sestre postanu.
Lagano pletena prisnost komšijskih niti zavodi
Jednakost svakodnevlja i neobičnih priča.
Recimo, juče smo, tačno znam na kom ćošku,
Slušali o Kini, njenom putu svile ka vodećoj sili sveta
Utemeljenoj glinenim vojnicima cara-ujedinitelja Ćina,
Njih 6000 sa naređenjem da svaki ima svoj lik,
O umeću vladanja, dakle, uz uslov različitosti
Naučila sam pošavši po dnevne novine, mleko,
Trešnje tri puta skuplje od kineskih
Nisam okusila niti je moguće
Ništa lepše od generala sa sopstvenim likom
Predaje poklona na ulici, ćošku upamćenom
Po bliskosti koja ide tako daleko
Gde ni misao ne dopire kao gest
Odabira
U prodavnici suvenira.

OKVIR

Od oca posvećenog prirodi i majke koja podučava
Muziku, uz pomoć babice iz komšiluka i nešto malo
Mita za osoblje dežurno u prazničnoj noći,
Ista sam ovakva rođena.

Početak i kraj od prirode su otvoreni. Kada mora
Kratkovidi stručnjak nacrta rez, zašije. Tajna iscuri
Na pod, jedina, za kratko ispari. Potom dete sluša
Matricu bajki o srećnom kraju, dok ne nauči slova.

Kakva jesam, odrastala sam na istini i čokoladama
Dešavalo se ustajalim; lečili su me s vremena na vreme
Od trovanja, uz nešto mita za hitnu službu – bombonjera
I obično flaša domaće da se ispere škodljivo.

Tada nije bilo leka (niti su ga tražili) za višak
Ljubavi u krvi nepoznatog porekla, nenasleđen.
Prenosila se zaraza putem čitanja, prepoznavali se
Oboleli za dobro ili zlo jednom izrečenog zauvek.

Kad kažem čitanje, tek na kraju pameti su knjige;
Mislim, i dan-danas, na tuđa dvorišta u doba trešnje,
Pse i ostale ulične igračke, rolšue i otvorene rane,
Parkove, žbunove i još neke pokušaje začeća tajne.

Mislim na prozore, naročito u parteru,
Na izloženost postojanja, porodične priče
U dogovoru sa prijateljima, uz jelo, duvan, piće,
I vlast koja se zapati u izmešanim ćaskanjima.

Neupozorena vaspitanjem, kakva ispadoh,
Znala sam šta će biti slušajući kako je oduvek bilo;
Kad pukne šampanjac i niz ruku domaćina klizne pena,
On vikne: »Rešeno!«, a žena posluži kafu u dugoj tišini.

Rano sam počela da živim nadu u čudo promene.
Posmatrajući te večere tajne i suviše poznate,
U okviru zavesa i fikusa u levom uglu, te kaktusa
Postrojenih uz okno: izgovor svetla, rasad prkosa.

Čekala sam da mačka skoči u krilo usred gutljaja,
Da pas prekine istorijski tok potrebom za svojom
Nuždom, da zvanica upita: »Gde sam ono stao?«
Da zavlada revolucija pauze pre konačnih reči

Domaćina: »Ja rekoh – tako ili nikako
Drugačije!« Da bar kine zbog promaje.
Potom, dešavalo se da sijalica presvisne,
Vredelo je čekati kratak spoj noći i sobnog mraka.

I dok je portir sedeo u kabini sav izložen
Poput opomene, jačala sam mišiće nogu
Za buduće iskoke iz tuđih života, za beg iz rama
Lične svečanosti koja se jutrom slavi kao opšta.

Druga deca su postepeno sticala fizičku kulturu,

Učila da maršíraju, protestuju, stoje u redovima
Dužim od veka, uz nešto mita deca decu dobiše
I sve što uz ponavljanje ide – prozore, mesta, stolove.

Odbih poslušnost teksta i privoleh se vratima.
Po izboru zaljubljena, jer samo to je moguće,
U starinske zvekire, velike ključaonice, u položeni
Lûk kraj praga o koji se nekada otiralo blato.

Podah se mekanim cipelama (ipak se podaš).
Kakva sam bila, ostah sa druge strane dogovora
O napretku. Ne žalim se. Dobro je u ovom haremu
Naizgled slobodnih lutalica. Od mita daleko je

Lepša reč milostinja.

STRANKINJA

Ja ne mogu biti odavde
Gde nežnost nema ni ime

Nisam mislila dalje od prodavnice,
Ove ovde – u kojoj sam za prodavačicu »mîko«.
Ponela sam sitne pare i nikakve druge
Vrednosti ili namere.
33 koraka je to! Znam tačno.
33 – brojala sam toliko puta.
Jedan, *two, drei, cuatro*...

Fünf! – uzviknem čim čujem:
»Gde gledaš, stoko?!«
Πέντε – pošto oni: »Šta vodaš kerove,
Kurvo smrdljiva?! Znam ja šta tebi treba!«
Six – »Sve si deblja i deblja. Vređaš pogled
Na devojčice sa džez baleta.«
Neko mi tiho poželi dobar dan.
Nekome tiho poželim dobar dan.

Δέκα – mrmljam mantru za svaki slučaj.
Oko dvadeset dva, blizu ulaza-spasa,
Baba u perjanoj jakni, glave obmotane šalom,
Šapuće babi u kaputu, babi sa trajnom:
»Ni momka, nekmoli dete! More, ko zna?!
Možda je lezbejka? Ahaaa! Ili sa bratom nešto..., ma
Svega u današnje vreme ima«.

Dvadeset tri – dve pomorandže,
Jogurt, novine i hleb u kesi.
Kod lifta – škripa naglog kočenja: tup! cangrrr! tras!
Ali već je trideset i ne vidim van.
Razaznajem zvukove.
Poznate su mi reči.
Sećam se svega.

33 – znam.

Dobro pamćenje me izdaje.
Nikada tako usamljena
Kao na putu do prodavnice.

LETO IZ MOJE SOBE

Komšinice žure da prostru veš
Uoči omorine
Ljubomorne
Odmeravaju tuđe terase
Pod čistim nebom
Dok je kod njih još hlad
Na drugoj strani ulice komšinice
Po suncu kupe sve od noćas suvo.

Jedna, u senci, čita. Kraj nje kafa, oprana kaca
Kaplje na balkon ispod. Niko se ne buni. Rano je.
Niko nije siguran u ono što radi
Zbog vrućine
Posustali zvuci,
Inače naši dani bi tekli drugačije
U davno propaloj novoj gradnji
Jedni nad drugima.

Juče su me zvali na Baltičko more.
Vodiću te jednom – rekao je glas.
Duge su letnje noći u ovoj sobi
I nema gde već nisam bila.

Gledam dalje
U istu mogućnost sitnih izmena.

Komšija koji je zimus klao prase na terasi
Preplanuo
Farba ogradu – u belo. Usred leta
Pomislim na krv, misleći, zapravo,
Na zatiranje tragova.
Bio sam u Turskoj! – dobacuje sasvim prisno
I nastavlja precizne pokrete
Majstora od više zanata.
Jao, komšinice, kakva je tamo hrana! Je l' ste probali?

Koga? – pitam u sebi.
Njemu, pak, dugujem
Odgovor. Namiriću ga
U zimu neminovno
(Takav je red)
Javnim pretakanjem
Prehrane
Tipične za naše podneblje.

BLIZNAKINJE

Nisam ni primetila kako verujem (neosnovano)
Da sam odrasla, čak ostarila (!) i da je svaki dan
Novi ili dopunjeni roman, pun obrta, likova,
Da ne govorim o čudima slovnih grešaka;

Ušla sam u autobus, a gradski prevoz
Redovno pruža uslugu neopaženosti,
Što dokazuju zgnječeni oblici
Prevezenih za cenu od 15 ozleda.

I taman je skrenuo, i taman smo popadali,
Lepo se složili kao drva za ogrev
(U našem gradu ljudi su snabdeveni
Globalno – Njujork i planinsko selo

Savršeno se uklapaju u svojstvu zaliha),
Kad obično ležeći vrag zbog mene ustade,
Psovkama ustupi mio glas: »To si ti! Neverovatno!
Ništa se nisi promenila!« Posle 40 godina

Očigledno iluzija o ličnoj priči, obrtima, likovima,
Da ne govorim o uzdanju u slovne greške,
Koliko-toliko stamenu, oboriše me u prevozu
Tanja i Vanja, bliznakinje koje nisam videla, cenim

Ni one mene pre te krivine, još od obdaništa. Zar?
Godine toliko ne čine? Mada, kad bolje razmislim,
Tačno je – uz veći broj obuće, ista sam ostala –
Neopredeljena između kmečanja i jauka.

Doduše, vrat mi je znatno izdužen
Od omče običnosti. Ali ljudi se pamte
Po nekoj suštini, izgleda, kao i deca.
Posmatrač je sve što o sebi može da zna

U mrežnjaču zapao posmatrani.

DANAK

Daleko od ulice
Jedan trotoar i santimentar i po
Ograde u vidu paukove mreže
Zalogajem okućnice čuvana
Profesorka sadi cveće.

Dan u proleću.
Svako bi sa ulice taj prizor
Iako razlomljen
Metalnim ukrštanjem linija
Doživeo idilično.
Mačke zaigrane u mladoj travi.
Saksije od godina prošlih
Ukazuju na ritual.

Očev pribor podseća na uzor baštovanstva.
Kako je on odgajao, lagano, »s ljubavlju«
Naglašavajući pomalo zadrt, ali nežno
Uranja prstima u vlažnu zemlju
Naizgled više puta mereći
Palcem dubinu doma korena.

Prolaznici zaštićeni od pomisli
Da ti nežni dodiri
Od sinoć ruše zid
Brige poistovećene sa korovom –

Brige osnažene divljenjem
Onome što niče tek oboreno.

Ćerka ni jutros nije došla.
Ne vredi da je traži –
Deca spavaju u ovo doba.
Celu noć su predano lomila
Klupe, kante za smeće i grane
Mladog drveća.

Pila su deca kao zidari u podne
Tamo gde njihovo neimarstvo
Motri nevidljiva policija,
Gde se bes na ispraznost kalemi,
A ruka najamnika u zoru pokupi srču.

Gde sam pogrešila? – pita se kao i svaka majka
Iz vremena kada su deca i majkama pripadala,
Komšije uljudno opominjale zbog glasne muzike
Zašto bi odjednom zaboravila rođendane
Spravljane više dana unapred?
Da li je moguće da za svoje dete
Ovoliko ne postojim?

Od danas, tačnije, od ove muškatle,
Predana ravnodušnosti
Na sve generacije izvedene na put,
Bukete o praznicima, zapaćenu
Pristojnost sada uglednih građana
Amerike, Australije, Novog Zelanda,
»Često mislim na vas« razglednice.

Pogleda pobodenog u saksiju,
Profesorka otire sitno grumenje
Sa okrnjenih rubova.
Šoljicom za kafu poji buduće mladice.

Ćerka će jednom doći
Da se presvuče, isušira, pita
Ima li nešto za jelo u ovoj kući?!
Potom će ponovo ući u rasad
Krda maloletnika koje se složno valja
Niz ulice poput odronjenog kamenja.
Urlaju, psuju, gutaju s nogu tečna
I tvrda, sitna đubriva popularno
Nazvana »ekseri« velike moći
Pretnje prolaznicima.
Građani ustupaju mesto strahu,
Dok organi nekog novog reda
Obezbeđuju brzi rast kolone
U stasalu bujicu.
I tako teku divlji dani
Kažu svuda u svetu.

Ko mi je oduzeo dete? – pita se kao i svaka majka
Iz bivšeg porodičnog dvorišta
Sasvim nalik ovom
Sa svežim rasadom
Iza ograde u vidu paukove mreže.

Dok prstima potkopava zid brige
Naizgled sadeći cveće,
Vidi mlade vojnike u azijskim pustinjama,
Devojčice polunage, gotovo slepe

Pod šminkom precvale, slične –
Kao da ih je sve ona rodila.

Obeležene
Prstenom na samoj sredini tela,
Posađene
Na jednoj ili obema
Golim nogama
Nečijih bogatih očeva.

PITOMICE

Radmili Lazić

Lepši od svih potonjih
Životom uspešnih ili promašenih jednako
Bremenitih opsesijom lične hronike dana,
Studentski sati produženi u polarne noći
Bludničenja sa zavodničkim osećanjem
Veka, matorog prevaranta, ugostitelja
Od rutine: »*Zeitgeist* reš ili za ne odoleti?«
Bezglavo podavanje zastranjenim
Kafanama, uobraženim sobama od knjiga,
Strast i nevinost orgija napamet
Odabranih stihova, vezanih ljubavnika,
Knjigama fermentirani bili smo tada
I nikada više studenti oba pola.

Očarane nadahnutim ponavljanjem
Dosetki povodom Aristofanovih *Žaba*
Dokle god je nastava
Studentkinje se podaju polovičnim tugama
Profesorskog uma na stolici
U kabinetu ili mansardi dodeljenoj
Za unapređenje mišljenja u narodu.
Supruga sedi u skupštini, na sastanku, u avionu
Na putu za Havanu – vreme otvoreno kao žena
Kada se širini ustupi zadovoljna
Kada je nema.

Lako je nemoguće sputano željom
Naći to što tražiš dok ti je stalo
Kao što je razlog odolevanja poetici ružnog
Bazda rakije, ubrzo bilo koje, snobizma jeftinog
Duvana i izdisaja sitih vaskrsavanja
Anegdota – solo numera muškog hora
Uz pomoć čulnosti devojaka iz pozadine,

Odvija se
Odliv divljenja prevejanom
Izvođenju na put
Pre roka
Diplomiranih starica.

Mnogo smo naučile.

Ne postoje cipele otporne na kišu
Kao primer mita.
Nije dostojno biti žena (Klitemnestra, Medeja...)
Već što duže devojka, Afrodita, epizodna Julija,
Idealna Beatriče.
Učene žene, uostalom, uče se po programu
Redovnom bacanju
U senku muškarca.

Deca su nezahvala – primera je isuviše.
Suprug se samo drugom suprugu poverava
O zajedničkoj težini bračnog stanja.
Društvo nepomično igra partiju trača.

Sve je oduvek isto, razlike predaleko

Zabasale u gramatička vremena.
Sintaksa samozaljubljena.

Iskrena je muška ljubav prema ljubavi
Muškoj kao primer bratstva sa Bogom.

BELA

U osnovi bela
Kada smo je našle, kučkarke –
Mi koje bazamo više od pasa
Optužene da »samo psima
Pomažemo, a šta je s ljudima?« –
Bila se tek okotila, blažena, iznurena
(Kako se to očituje na svim ženkama!)
I prljava od sigurnog blatišta
Tamo gde je male skrila kuja
Sa poverenjem u kal.

Nazvale smo je Bela zbog lepote
Veselosti što samo u očima postoji
I kada se druga mesta nade ugase.
Mi, koje teško zaplačemo,
Mada bismo često za dobar plač
Dale sve svoje kosti,
Ugledavši je kako jedva živa tetura
U istom času tiho rekosmo: »Aušvic«,
A iz jama zamandaljenih očima
Oslobodila se bar jedna suza.

Ostalo je priča opšta i nasušna
Prehrana reči kao i bilo koja:
Hrana, zdravlje, brlog, ljubav.

Ono što ni u moći govora
Ne nalazi utočište
Dom je trenutka spoja
Najdublje drame i kapi sreće.

PETRA

I

Nezadovoljna svojim životom,
Po nalogu psihologa,
Uz saglasnost kardiologa,
Brigom prijatelja
Poistovećivanjem
Razlomljena,
Stala je da menja sebe
Šetnjom koliko god može kilometara na dan.

II

Iz špilje stana
Kroz tunel ulice
Uhodilo je zvocanje dobrih namera:
Važno je biti u pokretu.
Postojiš pomična.
Hod umiruje misli, a podstiče
Krvotok. Izlazak među ljude
Jeste
Obračun sa otuđenjem. Pobedi!
I ostaj
Neopterećena pobedom.

Sledila je savet medicinskog razuma:

Udobna obuća, pamučne navlake,
Osmeh – sugestija,
Oprez u saobraćaju,
Muzika iz ličnog nosača zvuka.
I doživotni zavet hemiji
Za snalaženje u vremenu.

Na predlog prvog komšije
U čijem se stanu neprijatno
Jasno čulo njeno cvilenje,
Nabavila je psa, Orfija, kako je pisalo u pedigreu,
Potomka crvenih irskih setera iz XVIII veka.

Zadihana početnica
Dobila je punu podršku tetiva, vena, zglobova.
Sve kosti
Bile su na njenoj strani
Na putu uslužnih rupa, oštrih
Uspona i razbojnika pod narkozom.

III

Orfi je voleo
Tako što je voleo samo nju.
Ostatak sveta video je u preprekama.
Lajao, režao, kidisao
Na psovke, vozila, vrtoglavicu.
To mu je od babe, objasnili su –
Ne trpi nepotrebno.

I premda je prošao obuku

Nezastajanja,
Čuvao je nju za sebe
Iz mesta predan.

U zamenu za kurje oči,
Desni rukav izgreban
O zidove i šiljate ograde,
Prevalila je krizu razvoda,
Torturu na poslu, besparicu,
Krivicu zbog neispunjenih želja
Svoje dece uvek nagrađene
Bombonom u domu zdravlja.

Takva, našla se u dnevnim novinama
Pridružena preslikanim reportažama
Preko kojih preleću pogledi
Brzinom vojne vežbe.

IV

Po odobrenju psihologa,
Uz saglasnost kardiologa,
Iz snova najbližih moljena
Uzastopnim morama
Ako boga zna da im pruži
Predah odaljenosti,
Odvažila se da nagradi sebe
Putovanjem na 12 mesečnih rata
Kopnom do Uranopolisa.

Bio je to najduži put
Samoće
Otkako se oporavila.

Čitav paket aranžman opijao se i strašno pevao
Sve vreme smrdela su prekjuče kuvana jaja,
Autobus, kao i svaki autobus iz domaćeg filma/
Života, ponavljao je pretnju raspadom,
Jedna beba je plakala kao čitave jaslice
U istoj intonaciji do odredišta.

Ipak, čula je kako Orfi zavija
Poput neiskusnog ljubavnika
Prvi put ostavljen,
I doziva nju
Iz pansiona za kućne ljubimce.

Omaškom stručnjaka ili naprotiv,
Zavoleli su se
Bez mesta
Stanke ljubavi, iako sve je
Počelo zdravlja radi.

V

Grad Neba je odmah dao odobrenje
Burom kakva se ne pamti
U drevnom podneblju gostoljublja.
I vratila se ona prvim letom
Gradu Šetnje, njemu i sebi

Nepostojećoj bez ljubavi.

Prisutni svedoče
Da je Orfi zagrlio svim šapama, nju,
Kako biće stiska poslednji smisao.
Upiškio se i, za njenog odsustva onemeo,
Ispustio slab cijuk.
Veterinar je spremno priskočio,
Ali niko još nije sustigao
Srce lovca.

Pali su.
Orfi pravo u smrt,
Ona u nesvest gde se završava
Izveštaj ovlašćenog lica.

Ostala je priča
Turista iz barke
Kojom oba pola sa mora
Razgledaju Atos:
O tome kako je naglo zavladao
Mir sunca nad Uranopolisom,
Vidljivost čiju oštrinu
U drugim okolnostima
Nema ni Grad Neba,
Te o ženi sasvim nalik onoj putnici
Koja se odmah vratila.

Hodala je, slobodna i zbunjena, kažu,
Tamo gde ženska noga
Nikada nije kročila,

Ona
Nesigurno,
Kao da uči prve korake
Izvan podzemnog sveta.

O ZVONIMA, ZAPRAVO

Čim su propevala popeše ih u kule,
    sa iste visine vidikovca
    grabljivice ili rode
Jedno za drugim tule, zapravo, u dane
    praznika, venčanja, pokoja,
Zvuk molitve jeste pesma ljubavna,
Kako nas samo dobro znano obujmi.

Od tebe na drugoj strani domašaja
    pogleda koji puni sećanje,
    a odsustvom prazni,
Ostala je zamisao da mi se čita Pesoa
    baš u toj sobi, tim glasom
    dopola na balkonu
Nalik odloženom zvonu nehotice
I od blage promaje čuje se bluz.

Školu života pohađaju naši meštani
    sa radošću produžetka
    diplomskog ispita.
Učimo ih da slušaju klavir u etidama
    u lakoći neznanja
    predajemo im sopstveni mol.
I raznim jedinicama podučavamo
    iskustvom čežnje savladano
    prvo i poslednje nepotrebno.

Uz zvonce za pauzu, škola nema kraja,
*   bez raspusta, izostajanja*
Budući unapred neopravdanih.
Od jedne do druge kule i nazad
*   odlaze meštani na izlete.*
I kušaju, ljubavi, naše vino tokom
*   velikog odmora u nenačetoj*
*   nameri produženog gutljaja.*
Sve više nama sliče polaznici sa mora –
Tek posađenim mladicama u planinskim cipelama.
Celim polovinama
*   ljuske jajeta.*

Pogled je čudo. Kad misle da ih ne vidimo
*   upliću prste, puštaju*
*   da se dodiri prenemažu.*
»Kao dva leptira koji se traže« –
*   reče prijatelj iz Afrike.*
*   Ili je to govorio privid*
Tačke na pučini u iščekivanju
*   sumanute primorke*
*   demonu samoće date.*

I pre tebe napuštana
Izmenama zidarskih planova
Kažem ti na istim temeljima
Od stida počivaju kule.
Strast se sobom taži.
Mesni sat nada mnom
Pokazuje čas kada je stao.

Umišljene klepetuše,
Jednako naspramne
　　kao krošnje
　　　mi, dve slučajno
Sačuvane pesme
　　　anonimnog autora.

LIMENKA

Pisala sam pesme ljubavne
U prošlom vremenu
Kao i sva književnost.

Svaka je stala u povod
Prilagođenog sećanja
Na neupamćeno.

Varale su kao i sve ljubavne
Podatne slike jakih ritmova, žudnja
Odzvanjala kao testament.

Volele se međusobno
Nastrane kao fotografije
Što jedna drugu ne vide.
U pozadini leta
Belo grožđe i laka odeća
Naspram sunca prozirne kose.

Ti, ljubavi, svoja, besramna,
I nasmejani starac navikao na strance,
U jednoj ruci drži štap, drugom stiska

Limenku koka kole, njom te grli
Na mene polaže pogled siguran

Da razumem prizor, a nisam –

Stvarno je samo
Prvi i poslednji put.
Bez brige.

Mudra starina, od života zna –
Svi smo ionako turisti.
A baš sam te mnogo volela.

Noćas bih mogla pisati pesme još tužnije
O teškim grozdovima, tankim majicama,
Tvojim džepovima punim školjki,

O svemu što se ne vidi na tom snimku,
Što se na prvi pogled daje
U sebi ovekovečeno.

Uzalud su mi kasnije naklonjeni pričali
Kako ta klupa na autobuskoj stanici –
Čiča i ti, nasmejani kružite Internetom.

Glup je napor trećega
Da drugom saopšti
Ni u prvom te nema!

Volela sam te, jer zašto bih bila
Na čitav svet ljubomorna
Što te i on u ekranu gleda?

Ništa sada nemam sa tim.
Ni tuga mi nije ostala,

Kao što neko sačuva autobusku kartu.

Ko zna kad, u kom vremenu,
Oko je izoštrilo želju,
Uspomena učinila *klik!*

SVAKO DOBRO

»*Našla sam mu sponzora za krevet!*
...još samo da trknem po virmanski nalog.«

Pesnici se dopisuju u istom gradu.
Osim ljubavi
Prema epistolama, poštuju muzu štednje
Vremena, odani bogu zaliha.
Elektronski se domunđavaju rapsodi:
Pre i Posle Laze valja preživeti,
A to je najteža figura stila.

Slični u životu
Razlikuju se po smrti i delu.
Tu počiva njihova veličina, pišu
Autori udžbenika i neizostavno
Navode uži krug.

U pismima pesnika pesnicima
Čitamo više brojeva nego slova.
Ni danas mi nisu uplatili _____, zamisli!
Ako ne dobijem svojih _____, moraću da uzajmim _____.
Da li se već šuška,
Kome je namenjena ta nagrada od _____?
Ma, najgore mi je za mamine lekove, ej
_____! Ko danas toliko ima?!
Bednici! Zar ni tih pišljivih _____?!
A ja se taman ponadala dobiću _____
Pa da kupim fotelju (nije skupa, samo _____,

Konačno čitam ko čovek!

Jednome supruga sprema svakodnevno
Ležaj, stihove, omiljena jela, odgovara
Na poštu.
Jedan se uprkos tremi prijavio i pobedio
U najgledanijem kvizu.
Jednoga je partija postavila u ____ za ambasadora.
Jednome sin šalje mesečno $ ____ iz Amerike
Otkako je stao na sopstvene noge i otvorio
Školu plesa za starije gospođe.

Sudbine su za biografe
Vredne monete.

Ona je mlada presekla vene.
Ona je zabila glavu u plinsku rernu
Da bi vaskrsla kao pčela.
Ona je na samom početku
Skočila sa stene.
Ona je produžila život sama u sobi.
Ona se šlogirala u najgore vreme nestašice
Grobnih mesta,
Jedva je sahranismo preko veze.

- *A kako su tvoji?*
- *Evo ih, hvala na pitanju,*
Živuckaju od ____ penzije,
Čude se šta ih je snašlo.
- *Je l' dolaziš večeras?*
- *Ni u ludilu! Kada mi plate mojih ____,*

Što znači nikad! Ti?
Razmisliću.

U svojim pesmama
I dan-danas
Pominju Hermesa, Hrista, Harona.
Izvežbani tumači životnih dela
Za prevoz, večeru, honorar na ruke,
Navode *uzvišene teme*. Za novac, ali
Imaju pravo.

Mada
Neisplaćeni ostaju nespomenuti
Mnogi zalasci sunca,
Mirisi sena,
Snovi u snu i na javi,
Kublaj-kan i ostali
Osujećeni gospodari sveta.

Klasična *forma kraja:*
Ukrštene želje
Za zdravlje, sreću i svako dobro.
Ali kada pesnik napiše *volim te,*
Mrtav ozbiljan biva.

Retko u pismima pesnik
Pominje ime voljene osobe.
Moguće usled suštine
Prisnosti sa brojem jedan.

MAJA

I kada nogu pred nogu koračaju
One
Huje ovim gradom
Sa osmehom na lancu carice-klinke
Na skuterima gliserima u kabrioletima
To more njihove kose – brbljivi talasi
I novčić u tramvajskoj šini neprimećen
Razvučeni tatu-vrisak fasada –
Njihovo je carstvo vidljivo.

Vole ih nagli zaokreti.
Prošlost obožava ne dotičući.
Sve opaženo-opčinjeno
Poput ostataka čuda sveta
Celinom bivšeg hrama za čas
Odjekne kuda kćeri Majke iz Efesa
Žurne od radosti
Devojaštva čitave godine
Projure izazvane
Crvenim svetlom na semaforu
Kao od pucnja brži plen.

Kreću s proleća
Uz svitu obučenih pčela
Čiste od vetra u sluhu

Mirišljave šarene glasne
Svuda stižu
Na rolerima u japanskim vozovima gliserima
Pod pečurkom padobrana pribrane
Na vreme dospevaju
U udaljena odmorišta
Nepripadanja.

Voli ih nehaj.
Sasvim blagim i na vodu neotpornim
Poverenjem bodre lipe –
Trk da im život bude!
Niko da ne prepreči put
Nimfama
Predugim pričama o poreklu!
Neka beže iz škole
Artemide!

Vole ih visine dok mlade preleću
Okeane kontinente sve te tačkice
Živuckanja
I tek poneko ostrvo odaberu
Po boji zaliva i hladu rastinja
Gde mogu najzad
Lepotom da se pruže
Bez razmišljanja.

O AUTORKI

Marija Knežević (1963, Beograd) diplomirala je na Kateri za opštu književnost sa teorijom književnosti na Filološkom fakultetu u Beogradu i magistrirala na Michigan State University (SAD) na Odseku za komparativnu književnost. Objavila je sledeće knjige: *Hrana za pse* (roman u pričama, »Matica srpska«, Novi Sad, 1989), *Elegijski saveti Juliji* (poezija, BIGZ, Beograd, 1994), *Stvari za ličnu upotrebu* (poezija, »Prosveta«, Beograd, 1994), *Doba Salome* (poezija, »Prosveta«, Beograd, 1996), *Moje drugo ti* (poezija, »Vajat«, Beograd, 2001), *Querida* (elektronska prepiska sa Anikom Krstić, »Vajat«, Beograd, 2001), *Knjiga o nedostajanju* (eseji, Nezavisna izdanja Slobodana Mašića, Beograd, 2003), *Das Buch vom Fehlen* (dvojezično izdanje izbora iz *Knjige o nedostajanju*, Wieser Verlag, Klagenfurt, 2004), *Dvadeset pesama o ljubavi i jedna ljubavna* (poezija, »RAD«, Beograd, 2003), *Ekaterini* (roman, »Filip Višnjić«, Beograd, 2005), *In tactum* (poezija, Narodna biblioteka »Stefan Prvovenčani«, Kraljevo, 2005).

Prevodi sa engleskog, uglavnom poeziju. Izbor iz triju knjiga pesama Čarlsa Simića, *Kasni sat* objavilo je beogradsko »Otkrovenje«, 2000. godine.

Za knjigu pesama *In tactum* dobila je nagradu »Đura Jakšić«, 2006. godine.

SADRŽAJ

Očajna pesma 5
Bez reči o njoj 7
Inka 13
Ulica braće Grim 16
Stvarna rasprava 18
Uličarke 20
Otvoreno iza ponoći 24
Put svile 27
Okvir 29
Strankinja 32
Leto iz moje sobe 34
Bliznakinje 36
Danak 38
Pitomice 42
Bela 45
Petra 47
O zvonima, zapravo 53
Limenka 56
Svako dobro 59
Maja 62

O AUTORKI 65

Marija Knežević
ULIČARKE
*
Izdavačko preduzeće
RAD
Beograd, Dečanska 12
*
Za izdavača
SIMON SIMONOVIĆ
*
Korektor
MIROSLAVA STOJKOVIĆ
*
Grafička oprema
NENAD SIMONOVIĆ
*
Štampa
Elvod-Print, Lazarevac

CIP - Каталогизација у публикацији
Народна библиотека Србије, Београд

821.163.41-1

КНЕЖЕВИЋ, МАРИЈА
  Uličarke/Marija Knežević. - Beograd :
Rad, 2007. (Lazarevac : Elvod-print). -
67 str. ; 20 cm. + (Biblioteka Rad)

Tiraž 500. - O autorki : str. 65.

ISBN 978-86-09-00958-7

COBISS.SR-ID 142641420

www.ingramcontent.com/pod-product-compliance
Lightning Source LLC
Chambersburg PA
CBHW071752040426
42446CB00012B/2529